AF257298

PLACE AU ROI!

LETTRE

A MONSIEUR

CASIMIR PÉRIER

Membre de l'Assemblée nationale

AUX HONNÊTES GENS

> " L'honnêteté n'est pas moins une obligation dans la vie publique que dans la vie privée; l'honnêteté fait la valeur morale des États comme des particuliers. "
>
> LE COMTE DE CHAMBORD, 9 décembre 1866.

MARSEILLE

EN VENTE CHEZ M. MARIUS LEBON,

43, RUE PARADIS, 43.

1873.

Monsieur le Comte de Chambord

A Monsieur le Vicomte de Rodez Bénavent,

DÉPUTÉ DE L'HÉRAULT.

———

« *Frohsdorf, 19 septembre 1873.*

« Le sentiment qu'on éprouve, mon cher vicomte, en lisant les détails que vous me donnez sur la propagande révolutionnaire dans votre province, est un sentiment de tristesse : on ne saurait descendre plus bas pour trouver des armes contre nous, et rien n'est moins digne de l'esprit français.

« En être réduit, en 1873, à évoquer le fantôme de la dîme, des droits féodaux, de l'intolérance religieuse, de la persécution contre nos frères séparés ; que vous dirais-je encore, de la guerre follement entreprise dans des conditions impossibles, du gouvernement des prêtres, de la prédominance des classes privilégiées ! Vous avouerez qu'on ne peut pas répondre sérieusement à des choses si peu sérieuses. A quels mensonges la mauvaise foi n'a-t-elle pas recours lorsqu'il s'agit d'exploiter la crédulité publique ? Je sais bien qu'il n'est pas toujours facile, en face de ces indignes manœuvres, de conserver son sang-froid, mais comptez sur le bon sens de vos intelligentes populations pour faire justice de pareilles sottises. Appliquez-vous surtout à faire appel au dévouement de tous les honnêtes gens sur le terrain de la reconstitution sociale. Vous savez que je ne suis point un parti, et que je ne veux pas revenir pour régner par un parti : j'ai besoin du concours de tous, et tous ont besoin de moi.

« Quant à la réconciliation si loyalement accomplie dans la Maison de France, dites à ceux qui cherchent à dénaturer ce grand acte, que tout ce qui s'est fait le 5 août a été bien fait, dans l'unique but de rendre à la France son rang, et dans les plus chers intérêts de sa prospérité, de sa gloire et de sa grandeur.

« Comptez, mon cher Rodez, sur toute ma gratitude et ma constante affection.

« HENRI. »

Au Roi le premier cri de tristesse et d'indignation !

Il est le protecteur, le défenseur, le *restaurateur* de la liberté *française*.

En lui s'identifie le *droit*.

Dans le roi se personnifie l'*honnêteté*.

Qui , en effet , sans le Roi, pourra nous définir la liberté? Qui nous dira en quoi consiste l'honnêteté, sur cette terre de France, où le *Droit* est méconnu et où s'est obscurcie la notion du *Devoir !*

1789 est, certes, une grande et terrible année. La *souveraineté nationale* s'y présente avec toute la majesté de ses traditions séculaires ; contre elle s'élève la *souveraineté du peuple*, avec tous ses sophismes, ses audaces, ses crimes et ses amères déceptions.

La première a écrit, protégée par son tuteur monarchique, son testament politique. Là, le Droit est précisé, le Devoir est défini. Là, rien que là, la *liberté* trouve sa signification *française.*

L'honnêteté politique est l'expression absolue de ce symbole confié à la garde des conservateurs religieux des traditions de la patrie.

Les juifs-errants de la souveraineté du peuple travestissent et bafouent , aujourd'hui comme au premier jour, ces doctrines *ombragées*, quoi qu'en dise M. Thiers, *par le drapeau de la Monarchie*, et leurs défenseurs. Les pères, traîtres envers leur Souverain, (Roi et peuple,) ont déchiré leurs *mandats;* les fils, ne les connaissant plus, font comme ont fait leurs pères.

Le prince dont la conduite est magnanime d'abnégation, le Roi en qui se personnifient les « mille siècles de gloire de la Monarchie, » expose, depuis quarante ans, le magnifique programme des libertés françaises. Le camp de la révolution ou le méconnaît, ou l'injurie.

Quelle est donc la construction durable que la révolution ait pu substituer « aux lois fondamentales ? »

Le sectaire impitoyable, le militarisme vertigineux sont tombés dans le sang, dans les ruines et dans la boue. La *république conservatrice* serait le rêve d'un utopiste, si elle n'était une conception astucieuse. Impuissante par le nombre, fatale dans ses moyens, sa nullité est radicale. Et on invoque la Bourgoisie, en faveur de cette politique ! Qui donc a autorisé les liardeurs de la boutique *parvenus* à être les trafiquants de la politique, à insulter, ainsi, notre antique Bourgeoisie française ? Eux, seraient les successeurs de ces hommes qui s'approchaient de la haute aristocratie traditionnelle, aspiraient à la remplacer, et que le Grand Roi du Grand Siècle faisait marcher de pair avec elle !

« Petit Bourgeois ? » Peut-être. Tenons-nous-en là.

Petits hommes, petits moyens !

Après les terreurs et les grandeurs de l'audace, les bassesses de l'intrigue ; après le mensonge effronté, l'astuce et ses tortuosités. Et l'on voit d'*honnêtes gens* applaudir avec béatitude. O révolutionnaires, qu'avez-vous fait de la France ?

Race brouillonne et tenace, âpre à la curée, rejetée avec le vieillard cauteleux, elle piétine autour du pouvoir et essaie de ternir la Grandeur par les appâts de la séduction. Elle n'a donc jamais regardé en face le glorieux mutilé de Sedan, l'illustre Mac-Mahon ? Elle ignore, encore, que ce maréchal de France est le représentant de l'honneur de l'armée française? J'ai dit de l'honneur de la France.

Non, les regards de ces hommes ne sauraient s'élever à la hauteur de cette honnêteté. Ils seront obligés de dire, à leur tour : « Celui-là, non plus, n'est pas de *notre* siècle. »

Non, les relais ne sont plus possibles dans la course révolutionnaire : SAUVÉS OU PERDUS, MONARCHIE OU RADICALISME. C'est le dilemme inévitable.

On a violemment ébranlé les assises de la société française, l'énergie de leur résistance prouve la solidité de leur construction.

L'heure approche où les Français auront à montrer au monde si, à la lumière des événements, ils ont compris quels sont les vrais principes *conservateurs* ou s'ils ont cessé d'être Français.

Cette heure sera décisive ! Nous l'attendons avec confiance et, poursuivant le mensonge, quel que soit le parti, quel que soit l'individu, disons-lui résolûment : *Tu es ille vir !*

10 octobre 1875.

A MONSIEUR CASIMIR PÉRIER

MEMBRE DE L'ASSEMBLÉE NATIONALE.

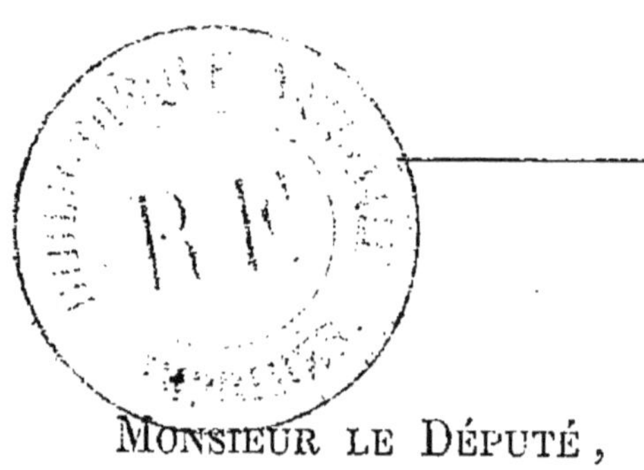

Monsieur le Député,

Cette lettre, arrêtée d'abord par la nouvelle de votre maladie, va définitivement remplir sa mission publique.

C'est le cœur plein d'émotion et de reconnaissance envers le « Dieu qui protége la France » que je l'écris. Un grand événement vient de s'accomplir ; la cause première des désordres de la génération actuelle est abjurée. La réconciliation des personnes dans l'unité des principes est opérée parmi les princes de la grande famille nationale. Il n'y a plus qu'une grande famille de Bourbon. Salut à la Maison de France !

Mais, si le *Commissaire* du gouvernement de 1830 a pu saluer, à son départ de la vie humaine, jour pour jour et à quarante-trois ans de date, l'aurore pleine d'espérance de sa vision prophétique réalisée ; si 1830 est heureusement et noblement effacé ; si, avec cette date, la valeur politique de votre nom a disparu, pouvons-nous nous écrier : Nos malheurs sont finis ?

Hélas ! l'arme des révolutionnaires, le mensonge lâche et impudent, est persistant. Né du conflit d'idées irréfléchies et des passions, il y a quatre-vingt-quatre ans, il existe encore aujourd'hui, mais comme une ignoble calomnie, dernier abri des ennemis de la France.

De cette calomnie, vous avez assumé, Monsieur, la responsabilité officielle. Voici vos paroles dans la séance de l'Assemblée nationale, à la date du 24 mai 1873 : « Nous lui demandons (à M. le duc de Broglie) de nous dire à qui appartiendra le pouvoir dans une coalition victorieuse entre les *plébiscitaires*, les partisans de la monarchie *constitutionnelle* et les partisans de la monarchie de *droit absolu*. »

Ces derniers mots ont inspiré cette lettre. Il n'est jamais trop tard pour repousser un mensonge et répondre à une insidieuse provocation.

Vous avez revendiqué la responsabilité du mensonge, il est juste que vous la subissiez au moment où il reprend ses allures perfides et où il va susciter des efforts désespérés. Car je ne me fais aucune illusion ; le radicalisme poursuit sa marche ténébreuse vers une dernière, mais effrayante convulsion. Il compte sur l'appui, qui ne lui manquera pas, des sophistes, aux défaillances intellectuelles ou morales du centre gauche. Vous comptez au premier rang parmi ces eunuques politiques ; vos déclarations ont déjà préparé le terrain que d'autres doivent fertiliser.

Tandis que vous soulevez l'ignorance et la perversité humaines, je ne m'adresse, moi, qu'à son honnêteté.

Dans votre phrase, la division des idées, leur opposition, expliquent clairement votre pensée. Avec intention évidente, vous avez présenté la monarchie héréditaire comme l'expression de l'*absolutisme* politique dans son Représentant et parmi ceux qui ont gardé le dépôt des traditions nationales.

Je ne voudrais pas vous faire l'injure de croire, Monsieur, que ce langage, de votre part, n'est qu'une de ces *habiletés* empruntées à la tactique du vieux praticien de la révolution, à la suite duquel il vous a convenu, un jour, de fixer l'activité fiévreuse de vos courses dans le champ de la politique. La réussite d'un moment aurait été peu digne d'un esprit comme le vôtre, qui prétend, dans le présent, s'efforcer de fonder l'avenir. Aussi, cette qualification prend-elle dans votre bouche un caractère particulier de gravité.

Vous avez été reçu à Frohsdorf, Monsieur, par le royal héritier de la monarchie, oubliant l'exil auquel votre père l'a condamné. Vous avez vu, de près, ce Prince dont la dignité égale la loyauté, dont la réserve est la plus honnête expression du droit et dont le libéralisme n'a été égalé par celui d'aucun prince régnant ou prétendant.

Un jour, encore, vous fîtes appel aux convictions autant qu'à l'éloquence de l'illustre orateur de la France royaliste. En invoquant, en votre nom, la liberté électorale, le grand orateur du *Droit,* éclairé par l'intuition, terminait sa plaidoirie en s'écriant : « La France dit : Je veux ma liberté, je l'aurai ! »

Au nom de la France royaliste, Monsieur, je viens vous sommer de nous dire si c'est à Frohsdorf, si c'est auprès de Berryer qu'il vous a été donné de connaître d'une manière *certaine* que le gouvernement traditionnel, dans son Représentant et dans ses doctrines, est nécessairement voué aux idées absolutistes ?

Cette proposition, Monsieur, il ne saurait suffire de l'affirmer, il faut la justifier. Car, si vous ne pouviez y arriver, en répétant à la tribune française cette vieille calomnie révolutionnaire, on serait obligé de confesser que vous, plus qu'un autre, avez failli à *l'honnêteté*.

Le moment est solennel, Monsieur, et il faut enfin sortir de cette phraséologie de la révolution, de ce système de qualification où l'injure se montre tour à tour affirmative ou insidieuse. Adoptée en 1789, elle a été renouvelée par le libéralisme menteur contre la Restauration. Ces attaques se sont montrées avec une nouvelle audace aux jours du plébiscite impérial ; l'absolutisme verbeux de M. Thiers vient de leur donner une nouvelle consécration : votre parole les a sanctionnées.

Dès les premiers jours de la révolution, Monsieur, il il y a eu des hommes qui ont tracé son horoscope : « *Plus d'autorité, plus de liberté,* » telle a été la formule de leurs prévisions. Elle n'a été que trop justifiée.

Restés inébranlables dans leurs convictions, dédaignant les avances, méprisant ou repoussant les provocations de l'usurpation orléaniste, il est une génération d'hommes qui, depuis 1830, a regardé passer les diverses incarnations de la révolution et, malgré toutes les sollicitations de l'intérêt privé, ils ont dit, cette fois avec une juste autorité : « *Non serviam.* » Le vent populaire, exécuteur de la logique divine, a balayé ces idoles, jouets de sa souveraineté. Devant cette hécatombe de pouvoirs, aveu terrible de l'impuissance de la révolution,

les hommes dont je vous parle, n'ont cessé de montrer
à la France comme son port de refuge et le foyer de sa
résurrection, cet emblème que nos pères de Marseille rap-
pelaient, au temps de la Ligue, à une commune voisine :
« *La fleur de lys de la liberté française.* »

Votre parole est venue leur donner un démenti offi-
ciel, vous avez nié cette liberté traditionnelle. Eh bien,
Monsieur, je vous demande, en leur nom, de prouver votre assertion et de nous montrer que, véritablement,
nous n'avez salué à Frohsdorf que le *monarque absolu;*
que, devant les assises de Grenoble, vous avez confié
votre défense à l'avocat de l'*absolutisme royal.*

Et d'avance, Monsieur, je vous déclare que je vous en
porte le défi. Oui, je ne crains pas d'affirmer que les
suppositions sur lesquelles vous voudriez baser votre jus-
tification manqueraient de logique, faudrait-il dire de
loyauté ?

Non, Monsieur, tout proteste, en effet, contre votre
assertion. Vous ne prouverez jamais que l'héritier du
trône de Louis XVI est imbu des préjugés de l'école ab-
solutiste. Son longage à ses visiteurs, ses lettres, ses pro-
clamations à la France, tout en lui vous donne un démenti absolu.

Les Français qui ont conservé le sentiment de la
loyauté, ceux qui veulent connaître avant de juger,
ceux qui ont cru, de bonne foi, aux promesses de liberté
faites par la révolution, ceux qui comprennent la dignité
inhérente à leur titre de Français qu'ils doivent à la
grande Monarchie de France, sont obligés d'avouer que
nul prince n'a porté plus haut l'esprit de liberté et le
respect à son peuple.

L'esprit du Roi a résolu, avec sagesse et mesure, toutes les questions d'économie politique et d'économie sociale qui intéressent la société française. Jusqu'à ce jour nul ne l'a égalé.

Père de la patrie avant d'en être le *Roi*, il n'a pas voulu faire couler le sang français pour revendiquer son trône. Depuis son apparition sur la scène politique jusqu'à son dernier manifeste, il est resté fidèle « *à la résolution qu'il avait prise envers lui-même de ne point aggraver les entraves et les périls de la France* (1). » C'est avec la France — « *nous fonderons ensemble, quand vous le voudrez* » — (2) qu'il veut établir le gouvernement de liberté dont il a indiqué l'esprit et les rouages dans les diverses manifestations de sa pensée. Jamais il n'a varié dans ces principes qui faisaient dire au républicain Charles Didier, en décembre 1848, « qu'il n'y a peut-être pas dans toute l'Europe un *constitutionnel* plus sincère que lui. » Sa « politique met en oubli toutes les divisions, toutes les récriminations, toutes les oppositions passées et veut pour tout le monde un avenir où tout honnête homme se sente en pleine possession de sa dignité personnelle (3). »

Croyez-vous, Monsieur, que ces convictions, que ce programme si noblement, si loyalement exprimés, soient le langage d'un *Roi absolu*, et celui qui le prononce n'a-t-il pas le droit de dire que « *lui seul peut faire la conciliation ?* »

---

(1) Lettre du comte de Chambord. 15 novembre 1869.
(2) Manifeste. Chambord, 5 juillet 1871.
(3) Lettre à Berryer, 23 janvier 1851.

Serait-ce dans les hommes restés fidèles à la foi monarchique que vous trouverez le parti du *Rey neto ?*

Je n'ai pas à faire, ici, l'histoire de la direction de l'opinion monarchique sous la Restauration. Deux tendances la divisèrent, toutes les deux voulaient la sauver des périls où l'entraînait l'opposition insensée et déloyale des *libérâtres ;* les uns indiquèrent la voie de l'autorité, les autres la voie de la liberté. Les premiers conduisirent la monarchie à sa perte et leurs moyens, pourtant, étaient restés *constitutionnels ;* mais ils avaient compté sans des convoitises qu'on ne peut effacer de l'histoire et ils n'avaient pas compris les haines irréconciliables.

La monarchie tombée, les principes, dégagés de toute préoccupation incidente de moyens, ont repris leur force ; les hommes monarchiques les ont proclamés dans trois circonstances solennelles : en mars 1832, en janvier 1846 et en 1849. Les journaux *réformistes* de la droite signèrent, alors, à Paris, des déclarations, échos de celle que fit, le 27 juillet 1789, M. de Clermont-Tonnerre à la tribune de l'Assemblée nationale, au nom de la France entière. C'était là le langage de la liberté française abritant son existence sous son tuteur monarchique, et le vénérable M. Laurentie venait en attester l'homme du droit et de la liberté, Châteaubriand. M. de Villèle, le politique prévoyant qui, dès 1814, avait signalé les dangers des *imitations anglaises,* en recevait, dans une lettre, l'hommage dû à ses convictions et à ses prévisions.

Oui, ainsi que l'a dit M. Thiers, c'est un écrivain légitimiste qui a donné *au pays l'idée du suffrage universel.* Toute la presse royaliste de la droite le reconnut, en l'absence de la royauté, comme la loi politique suprême, expression du réveil des traditions françaises. Mais il ne l'abandonnait pas à l'anarchie, prêt à se livrer à Proudhon ou à devenir l'arme d'un César ; il en indiquait l'organisation qui faisait de l'exercice du droit un moyen d'ordre et de sécurité au lieu d'en faire, comme il l'est aujourd'hui, l'instrument de la destruction sociale. Le roi a, lui-même, reconnu ce droit et il a garanti « le suffrage universel honnêtement pratiqué (1). »

« L'ignorance et la crédulité ont parlé de priviléges, d'absolutisme et d'intolérance, que sais-je encore ? de dîme, de droits féodaux, fantômes que la *plus audacieuse mauvaise foi* essaie de ressusciter à vos yeux (2). »

C'est le Roi, Monsieur, qui a protesté d'avance contre le mensonge de votre qualification du pouvoir qu'il représente ; avec lui avaient également protesté, je vous l'ai montré, les hommes et les doctrines du droit traditionnel. Ce langage, ces doctrines, seriez-vous seul à les ignorer ?

Vous opposez, avec une habileté oratoire faite pour flatter les hommes passionnés et ignorants, « la monarchie constitutionnelle » à la « monarchie de droit absolu. » Là-dessus, Monsieur, je vous renouvelle mon défi de donner une définition précise de ce premier moyen monarchique et de faire valoir une opposition logique, *française* en un mot, entre l'idée gouvernementale repré-

---

(1) On a produit des travaux très-remarquables pour organiser le suffrage universel. Nous doutons qu'on puisse trouver un moyen plus simple et plus vrai que l'édit de Louis XVI du 24 janvier 1789, en l'appropriant aux circonstances actuelles. La reconstitution des *corporations*, ainsi que le Roi l'a indiqué avec la haute intelligence et l'esprit de justice qui inspire ses pensées, facilitera cette organisation.

(2) Manifeste. Chambord, 15 juillet 1871.

sentée par le comte de Chambord et celle que vous ne désignez que sous une insinuation devenue banale dans la bouche des adversaires de la royauté traditionnelle.

Je ne puis ici aborder qu'en l'effleurant l'examen de la question soulevée par cet adjectif prononcé, avec une importance radicalement nulle, par les partisans de la royauté élective.

La France n'avait-elle pas de constitution avant 1789 ? M. Thiers a fait écho à tous les ergoteurs de la politique et il s'est efforcé de donner une sanction à cette absurdité. Selon ces écrivains, la France aurait vécu pendant 1400 ans sans formes *constitutives*. Oui, cette proposition est absurde. La grande charte n'a pas pourvu, en Angleterre, ce pays constitutionnel par excellence, à tous les modes de la vie politique du peuple anglais ; faudra-t-il nier que ce peuple ait une constitution ? Il fallait se contenter de dire que les progrès accomplis par les siècles demandaient à pourvoir, par des formules législatives, à la division dans l'action du pouvoir, afin de préciser les formes de l'autorité et prévenir les conflits. Alors on aurait eu raison. Mais on a voulu tout renverser et depuis que la France est en travail, après quatorze ou quinze enfantements constitutionnels, elle redoute que cette fécondité désolante ne la fasse périr d'épuisement.

C'est qu'il y a quelque chose qui domine ces *contrats* accidentels, élaborés dans la vie légale des peuples, il y a « la nature des choses. » Depuis quarante-trois ans, les législateurs se sont trompés et « l'invincible nature » tend à rectifier leur action : les passions seules ont mis opposition à sa tendance.

L'anglicanisme de Necker et de Mounier, essayé dans la charte de 1814, intrônisé en 1830, est tombé définitivement sous les pavés de 1848. La royauté anglaise a été faite par les barons, elle est élective et *subordonnée*. En France, au contraire, la royauté a eu le rôle de l'initiation, elle est *innée;* voilà pourquoi elle a une situation privilégiée dans l'attaque et dans la défense de l'ordre politique. Le jour, et il n'est pas loin, Monsieur, où les hommes de bonne foi auront le courage de déclarer que la *royauté* était, avec le *catholicisme* et le *principe* de *liberté*, préexistante à l'existence nationale et qu'avec eux elle a fait la France, de ce jour la France sera sauvée, parce qu'elle ne peut l'être qu'en s'appuyant sur les bases qui ont servi à édifier la nationalité française. Aurez-vous ce courage?

Au lieu de reconnaître ces maximes, d'en proclamer la vérité, la nationalité, vous avez voulu fixer un moment les entraînements politiques de votre esprit agité, sous la tente de « l'homme de la révolution. »

J'arrête un moment mon attention sur M. Thiers qui, depuis quarante-cinq ans, sous des aspects divers, apparaît dans la politique de la France et pèse sur ses destinées. Une plume des plus autorisées a indiqué, avec mesure et justice, les naufrages politiques dûs aux agissements de cet homme mêlé, par ses écrits et par ses actes, à toutes les phases révolutionnaires de l'époque moderne.

e ne veux examiner ici que la logique qui a séduit otre esprit et entraîné votre coopération.

M. Thiers a indiqué les maux causés par la révolution; u'a-t-il fait pour les combattre?

La division de la maison de Bourbon, c'est lui qui l'a

cimentée. Il a été l'ennemi le plus acharné « de la branche aînée. » Écoutez l'écrivain du *National* en janvier 1830 : « Acculés aux dernières limites de la Charte, s'ils y restent, ils y étoufferont ; s'ils en sortent, nous les tuerons. »

Méphistophélès de la branche cadette, M. Thiers a été le plus grand ennemi de la réconciliation de la famille royale et le pacte de Bordeaux a été une énigme inventée pour empêcher le rétablissement imminent de la monarchie. Il en a été le sphinx, il croyait en rester l'Œdipe.

Ce prétendu homme d'État déclare croire à une vérité politique. Jamais il ne l'a fait connaître, encore moins a-t-il cherché à la propager. L'idée du droit semble ne pouvoir se concilier avec son esprit ; sa morale ne repose que sur l'incident du fait. Homme de monarchie, il se dévoue à la république. Sans y être convié, il avive les prétentions monarchiques, il sollicite les antagonismes, et tandis qu'il cherche à fomenter les rivalités, il se plaît à en faire naître la nécessité de la république fondée sur l'abandon, par la majorité monarchique, de ses convictions au profit de quelques illuminés, précurseurs ambitieux et impuissants du radicalisme.

M. Thiers, dont le sans-gêne morigénait, à volonté, la majorité monarchique qu'il appelait parfois à son aide en lui prodiguant des éloges adroits, tandis qu'il la livrait au dénigrement de ses officieux ; M. Thiers, dont l'éloquence consiste, surtout, dans la subtilité de l'argumentation et dans la lassitude de ses auditeurs, s'est fait aujourd'hui le serviteur fidèle des *masses* qu'il affecte de dire et de rendre *républicaines*.

Qu'a-t-il fait pour les éclairer sur les dangers de la

forme républicaine en France? Il en mitraillait *impitoyablement* les adeptes en 1832, alors qu'il leur devait le pouvoir en 1830; dépossédé en 1848, il les appelait « *la vile multitude*, » et maintenant il flagorne ces masses dont il a stigmatisé les chefs qui, « *fous furieux*, » ont mis le comble aux hideuses inepties impérialistes.

Cet homme a attesté « les lois fondamentales » de la monarchie, il a attenté à ces lois, il les a renversées. Cet homme n'a servi qu'une divinité, *la révolution!* C'est dans ce culte qu'il a fait « suer son front » et qu'il a pu, enfin, s'appeler « petit bourgeois? » Ses lauriers sont-ils si glorieux pour qu'ils vous empêchent de dormir, ou existe-t-il quelques liens indissolubles entre votre nom et l'homme de Deutz?

Il a toujours confondu, par défaillance intellectuelle ou par calcul, la première période de 89, la période de réforme ou de *souveraineté nationale*, avec la deuxième période de révolution ou de *souveraineté populaire*.

C'est là le secret de son impuissance. Violateur, dans la génération actuelle, du droit politique dans sa tradition et dans sa représentation nationale; toute l'hypocrisie de ses actes et les évolutions de sa logique s'élèvent contre lui. Réduit à combattre, lui-même, les conséquences de cette violation première dont il reste un des derniers, mais des plus audacieux représentants, il est condamné à subir les applaudissements des hommes dont les pères ont trouvé, en lui, un adversaire impitoyable.

Les fils ont-ils oublié? Non, leurs applaudissements ne s'adressent pas à l'homme qui reconnaît ses torts, mais à cette forme politique, passeport assuré, pour eux, vers la domination à laquelle ils aspirent. Proudhon demandait, en 1852, qu'on lui laissât le mot de *république,* l'enseigne lui suffisait pour réaliser ses conceptions économiques et sociales. M. Thiers remplit le vœu de Proudhon. Radicalisme, commune, république universelle, dictature à une ou plusieurs têtes se dérouleront ensuite, inévitablement, sous l'incubation du génie français. Les monarchistes signalent le danger, les radicaux se réjouissent. M. Thiers, seul, le dédaigne. Poussant jusqu'au fanatisme l'infatuation de sa personnalité, cet homme oppose aux flots ascendants de la révolution universelle, son remède souverain : la *république conservatrice.....* sans conservateurs. Ce *rénovateur des partis* a raison, ceux qui se rangent autour de lui ne sont pas même un parti !

« Factieux et intrigant, » cet homme qui veut imposer son infaillibilité, a été appelé par M. Pageot, dans des lettres empreintes d'un caractère frappant de logique et d'honnêteté, « le plus grand démolisseur du siècle. » M. Pageot n'a pas été et ne sera pas réfuté. J'ajouterai que ce sophiste est, depuis quarante-cinq ans, le *faussaire* de l'intelligence nationale.

Au reste, M. Thiers a reçu une réfutation immédiate, complète, dans les termes qu'il avait lui-même posés. L'Assemblée nationale a repris les pouvoirs qu'elle lui avait remis ; aussitôt, « les intérêts, qui sont meilleurs juges que les partis, » ont applaudi ; l'ordre a été maintenu ; il a été glorifié dans la personne du plus honnête, du plus loyal représentant de l'armée, cette dernière garantie de la sécurité publique. La réponse est écrasante.

Vous voulez consolider, Monsieur, l'œuvre révolutionnaire ; eh bien ! je vous demande de me dire à quel jour, à quelle heure, par quel acte authentique, légal, *le peuple français* n'a plus voulu du gouvernement royal dans sa famille héréditaire, depuis 89 et en 1830 ?

Vous possédez l'antique manoir des anciens Dauphins. C'est là que les trois ordres de la province du Dauphiné se réunirent, le 21 juillet 1788, sous l'impulsion dominante des ordres privilégiés, le clergé et la noblesse.

Dans cette assemblée de Vizille, à laquelle votre grand-père ouvrit les salles du donjon féodal, au milieu de l'emportement des esprits dictant des formules où les réclamations du privilége étaient l'expression anticipée et incomplète des principes *d'égalité civile et de liberté politique*, qui devaient trouver plus tard une forme plus générale et plus égalitaire, avez-vous vu qu'une pensée ait été émise contre l'*institution royale* ?

L'Assemblée de 89 avait, aussi, voulu conserver la royauté héréditaire. Usurpatrice dès le début, elle ne prévit pas qu'en faisant du *représentant* séculaire de la nation un simple *mandataire*, l'agent, un jour, devait être supprimé avec la fonction.

Je vous rappellerai toutes les assemblées nationales antérieures, et notamment la *constitution monarchique* affirmée dans les cahiers de tous les bailliages, en 1789, alors que toutes les têtes fermentaient de constitutions. Je vous rappellerai encore cette joie qui tenait du délire, alors qu'en 1814, Louis XVIII « se hâtait de voler son trône, » pour fixer l'indécision de l'étranger. Cette consécration, à cette époque, en valait bien une autre, je pense, et je ne sais, en vérité, quelle autre acclamation nationale vous eussiez préférée.

A toutes ces questions, Monsieur, vous ne me répondrez que ce mot : *La révolution !* Vous n'en avez et vous n'en pouvez trouver d'autres.

Et, depuis lors, la France déchue de son rang de *nation*, n'est plus qu'un *peuple* errant dans la vie humanitaire, effrayant le monde par ses emportements, se livrant à tous les tribuns, subissant toutes les servitudes, celle que lui impose l'anarchie et celle des dominateurs monarchiques. Avec la notion de l'autorité, il a perdu celle de *sa liberté,* et les esprits sensés se demandent avec terreur si bientôt ce *peuple* n'aura pas cessé d'exister !

La révolution prélude à la destruction politique et sociale par le mensonge dans l'ordre moral et intellectuel.

Pas plus à vous, Monsieur, qu'à votre patron présidentiel, il ne sera donné de fonder, car vous avez répété, vous avez affirmé ce mensonge. Votre parole ne peut être assimilée à celle qui sort d'une bouche vulgaire. L'autorité qui s'attache au nom que vous portez et votre affirmation sont venues alimenter ces ineptes et scélérates calomnies qui, en 89, ont préparé l'échafaud de Louis XVI et mettent obstacle, aujourd'hui, à la réformation et à la restauration de la société française sous le sceptre national d'Henri V.

Non, Monsieur, non, il n'est point vrai que l'antique monarchie représente le *pouvoir absolu.* La première *Constituante* a protesté contre votre assertion. Le roi qu'elle acclamait était « le *Restaurateur* » des libertés qui avaient existé !

L'*ancien régime* n'a été véritablement que le régime établi par Richelieu. Il fut inauguré par le tiers-état, dans l'Assemblée de 1614, par cette formule prononcée contre les prétentions du clergé et de la noblesse : « Le roi ne tient sa couronne que de Dieu et de son épée. »

L'absolutisme royal, « tempéré par les lois, » étouffa

les derniers efforts de la féodalité s'apprêtant, à l'abri de
la négation protestante, à morceler la France ; il acheva
l'unité française, et la France du Grand Roi se confondit,
dans l'histoire, avec le grand siècle. Louis XVI avait
abdiqué le pouvoir absolu et détruit les dynasties de
ministres courtisans, dont on voit des descendants flatter
aujourd'hui l'idole républicaine. Il est des grands sei-
gneurs qui n'ont pas tout abdiqué !

L'histoire, Monsieur, peut dire désormais les crimes
de l'absolutisme révolutionnaire fatalement attaché à la
forme républicaine. Avec elle, plus de gouvernement
en France, plus de nation, plus de société !

Donc, Monsieur, votre parole est un crime de lèse-
nation, elle est antisociale, parce qu'elle est antifrançaise.

Que vient-on nous parler de *souveraineté nationale !* Il
faut cesser d'abuser des mots et de leur faire exprimer
des idées qu'ils ne sont pas destinés à représenter.

Il n'y a de *nation* que là où existe une aggrégation
d'hommes constituée, organisée, remplissant une *fonction* ou une *mission* dans l'humanité. Telle était la
France catholique et monarchique, initiant les peuples à
l'esprit de liberté chrétienne. « *La souveraineté nationale*
résidait *dans le peuple* joint *au monarque* et présidé *par*
lui. » Le Roi était le *représentant* perpétuel, *semper vivens,*
de la nation et le dépositaire de l'autorité souve-
raine.

Telle est l'histoire, Monsieur, telle est la doctrine.

Or, en face de cette souveraineté majestueuse de la
nation représentée dans son institution séculaire, souveraineté dont les deux termes se prêtaient un mutuel appui qui les rendait inséparables à tel point que l'histo-

rien proclame « que l'identité nationale est le fondement sur lequel repose depuis tant de siècles l'unité de
la dynastie (1), » la révolution a élevé le dogme de la
souveraineté du peuple. Tel fut le cri de Mirabeau, de
Sieyès et des sectaires qui les ont suivis; tel fut le dogme
des libéraux hypocrites de 1830. Ils proclamaient la dé-
chéance de la *nation*.

Les révolutionnaires ont invoqué le peuple à toutes les
époques et jamais ils ne lui ont permis de parler. La
Convention opposait la peine de mort à quiconque en
appellerait au peuple de son vote parricide. En 1830, on
a invoqué la *légalité* au nom du peuple et cette arme a
servi à opprimer les réclamations du droit. Où donc le
peuple faisait-il acte de souveraineté alors qu'il n'était
jamais consulté et qu'il était défendu de le consulter ?

Ainsi, la révolution a justifié, en se l'appliquant à
elle-même, ce mot de Rousseau : « Toute loi que le
peuple en personne n'a pas ratifiée est nulle, ce n'est
point une loi (2). » Aussi, est-ce aux pouvoirs issus de la
révolution que s'applique ce mot de Montesquieu : « *Ils
ont ôté la république des mains du peuple* » Et le peuple
n'a été que l'instrument perpétuel et la victime constante des novateurs insensés ou ambitieux qui l'ont séduit par des mots.

Or, il faut en finir, Monsieur. La révolution, avec ses
factions et ses trônes, s'est montrée constamment impuissante. La prospérité matérielle qu'elle a présentée

---

(1) A. Thierry.
(2) *Contrat social*. — chap. XV, *des Députés*.

dans quelques-unes de ses créations n'a été due qu'à l'enseigne monarchique, parodie de la forme naturelle de son gouvernement. Et, — nouveau démenti donné à M. Thiers, — malgré l'ordre matériel, l'ordre moral s'est trouvé, à chaque chute nouvelle, plus profondément altéré.

Non, Monsieur, nous ne devons aucun progrès à la révolution. « Nous avions obtenu tout ce que nous désirons aujourd'hui et que nous chercherons peut-être longtemps encore, » ont dit M. L. de Lavergne et ses critiques. « On n'est pas tombé de l'excès du mal en révolution, mais du *progrès* en révolution, » avait été obligé d'avouer le malheureux Vergniaud. Avec lui faisons cet aveu douloureux.

Oui, « *tout était accordé* » dans la première période de 89, celle de la *souveraineté nationale* ; tout a été compromis ou perdu dans la deuxième période, celle de la *souveraineté populaire*, c'est-à-dire de la révolution. Rappelez-vous, Monsieur, la séance du 23 juin et l'insolence de Mirabeau !

Concluons : la révolution a été une révolte dans son principe, un mensonge dans ses maximes, l'impuissance dans ses moyens ; la destruction nationale, l'anéantissement social sont fatalement sa fin dernière : ses hurlements le proclament.

Oui, la révolution a divisé la Maison de Bourbon. Le Palais-Royal, en 1789, a vu commencer l'intrigue semée d'intermèdes terribles et néfastes dont la solution a eu lieu au 9 août 1830.

Anathème à la révolution !

Oui, la révolution a, par la dynastie militaire qu'elle

a proclamée, livré trois fois la France à l'étranger victo-
rieux et brutal.

Anathème à la révolution !

Non, la république n'exprime plus l'ensemble de ces
institutions de liberté populaire gérant elle-même ses
intérêts, sous la protection de l'autorité royale, et qui
faisaient l'admiration de Machiavel et des écrivains du
XVIme siècle.

Ce mot ne signifie plus aujourd'hui que révolution in-
cessante, factions, socialisme, destruction de toute forme
politique et sociale ; il est la négation absolue de la liberté, le synonyme de toutes les tyrannies.

Anathème à la révolution !

Si le drapeau de la révolution, après avoir flotté sur
nos discordes, abrité les égorgements fratricides, nous
rappelle, aujourd'hui surtout, qu'après avoir été « san-
glant de crimes, il est dépouillé de succès » ainsi que
le disait, en 1814, B. Constant, mais que, de plus, il a
ombragé nos humiliations et orné les triomphes de la
Prusse ;

Anathème à la révolution !

Si la révolution n'a rien pu fonder par l'audace, par
la violence, par l'hypocrisie ; si, avec elle, les hommes
politiques sont forcés à se donner à eux-mêmes les plus
insolents démentis ; s'ils sont obligés de se réfugier dans
l'ambiguité et dans l'astuce ; si la bourgeoisie véritable
ne s'y reconnaît plus devant les trafics de la boutique ;
si l'*honnêteté*, enfin, n'a plus de sens en politique ;

Anathème à la révolution qui a perverti les esprits et
les cœurs !

Sans la royauté, la liberté est devenue anarchique ; sans le catholicisme, elle est devenue barbare.

Combattons donc, il n'en est que temps, ces maux que M. Thiers accepte et que, parodiste du bon sens, il prétend faire tourner, à l'exemple de ses devanciers, au profit de son intérêt personnel.

Oui, haine à tous ces maux immenses créés par la révolution. A l'inverse du sophiste, inventeur de la *république conservatrice*, restaurons le bien détruit par la révolution, proclamons la souveraineté du *Droit*.

En vain, toutes les sectes révolutionnaires se sont-elles liguées contre lui ; sa protestation permanente, voix de l'exil, voix poussées de la terre de France, ont accusé leurs fureurs, ont rendu inutiles leurs démences. En vain ces sectes s'apprêtent-elles à former cette ligue hideuse, plutôt que terrible, où l'étranger espère trouver son dernier triomphe. Les myrmidons politiques, *constitutionnels* ou *républicains conservateurs*, lui préparent la voie et tandis qu'ils espèrent y trouver le couronnement de leurs conceptions, la satisfaction de leurs ambitions égoïstes, ils ne rencontreront que le dédain et l'isolement. La honte et le dépit qui s'attachent à la stérilité de ses agitations et de ses intrigues inspirées par sa rage *antilégitimiste*, seront-ils le seul châtiment que subira leur chef ?

La vérité absolue, c'est que la royauté s'est trouvée à la tête de tous les progrès ; sans elle, tout n'a été que provisoire, incomplet ou faux. C'est donc à elle qu'il faut revenir pour continuer cette « réforme dont Louis XVI avait pris l'initiative en 1789. » Oui, « reprenons, en lui restituant son caractère véritable, le mouvement *national* de la fin du siècle dernier. » Entendez-vous, Monsieur, c'est le Roi qui appelle *national* le mouvement réformateur de la première période de 1789. L'attentat révolutionnaire du *Jeu de Paume*, en détournant, au début, ce mouvement, viola les droits du peuple, en même temps que les droits du Roi. C'est ainsi que la souveraineté nationale fut foulée aux pieds par des hommes ou égarés ou pervers, et la souveraineté du peuple fut invoquée avec une égale autorité par chaque faction marchant à la conquête du pouvoir.

Oserez-vous, Monsieur, reconnaître ces vérités incontestables, abjurer votre coalition antipatriotique , répudier toute solidarité avec ces méfiances perfidement répandues sur la voie de la réconciliation nationale, vous éloigner avec répulsion des lâchetés perfides de cette ambition sénile et perverse? Oserez-vous travailler, selon que vous l'écriviez le 14 septembre 1872, « *à l'accord entre les partis monarchiques* » pour rétablir la monarchie *constitutionnelle* » (je vous dis, moi, *représentative*), aujourd'hui que l'union entre « *les deux branches de la Maison de Bourbon* » est providentiellement accomplie? Ce serait là un acte de haute loyauté fait pour tenter une conscience vraiment française !

Non, Monsieur, non, on ne doit aucun progrès à la révolution. Ses auteurs, eux-mêmes, ont accusé ses actes initiateurs. Mounier, l'auteur du *Serment du Jeu de Paume* l'a déploré et rétracté. Mirabeau est mort, tandis qu'il travaillait à « une contre-constitution. » Sieyès considérait l'institution monarchique « comme plus propre à donner plus de liberté au citoyen que la république. » M. Thiers a parlé comme Sieyès et, comme lui, il a

cherché aussi à se sauver dans la république. A Lu-
cerne et dans sa lettre au maire de Nancy, M. Thiers
vient de dire le contraire de ce qu'il a affirmé à l'Assemblée nationale (1); on ne saurait en être étonné. La
parole de M. Thiers, pas plus que sa politique, ne se
soucie de l'ordre moral. Il a l'audace des *variations*, là où
il lui importe d'obtenir des applaudissements avec sécurité.

Mais quand il ose dire que « les droits de la France, ses
libertés civiles, politiques et religieuses, son état social,
ses principes proclamés en 1789... nous seraient ravis
par le retour de la *monarchie*, » nous protestons à la face
de la France et du monde entier contre ces assertions
qu'on ne peut plus aujourd'hui qualifier seulement du
nom d'erreurs. C'est la *monarchie nationale* et le *vrai
drapeau de la France* qui protégeaient en 89 les rédac-
teurs des *cahiers*, c'est la *révolution*, qui a déchiré les
mandats en renversant le drapeau qui les couvrait.

Laissons, à « *l'homme de la révolution* » qui est l'homme
de la *dictature*, les profits de la révolte et son drapeau.
D'accord avec lui, cette fois, donnons au *droit* et à la *vérité* son emblème *national;* gardons et honorons toutes les
gloires ; car, la gloire et l'honneur sont nés français !

La liberté par M. Thiers ! *Proh pudor !*

Proudhon, ce logicien inexorable de l'école révolutionnaire, signale le Serment du Jeu de Paume « un
fait d'une logique et d'une légalité douteuses, » et il déclare que « prendre le suffrage universel pour base du

---

(1) Le 2 décembre 1873.

droit public, c'est affirmer implicitement la perpétuité de la monarchie. »

Voilà pourquoi les révolutionnaires, monarchistes ou démagogues, n'ont pu opposer que la cohue du suffrage universel. Aussi, l'honnêteté en a-t-elle été bannie.

L'ordre est divin, Monsieur, *omnia quæ sunt, a Deo ordinata sunt*, a dit l'apôtre. Voilà pourquoi l'ordre (une expérience effrayante l'atteste) ne pouvant exister en France qu'avec la royauté, celle-ci lui a été providentiellement donnée en naissant et a été à la fois son vêtement protecteur et son armure défensive. En dehors d'elle, il n'y a eu que des luttes et des crimes ; sans elle, la France va disparaître. Avec elles toutes les institutions reprennent leur *sens* et leur application ; le *Droit* apparaît dans sa vérité, la *Liberté* dans sa réalité française, l'*Honnêteté* retrouve sa signification politique ; car le *symbole monarchique est complet*. Pas plus à vous, Monsieur, qu'à M. Thiers, il ne sera donné de créer avec le principe de révolte ce que les révolutionnaires de 89, de 1830 et leurs successeurs n'ont pu établir. On ne fonde rien sur le mal, et la révolution, c'est le mal !

En vain, Monsieur, vous êtes-vous efforcé, sous une impulsion dont je ne veux pas rechercher le mobile, d'assurer dans la conscience populaire le mensonge qui entasse les destructions ; vous n'empêcherez pas le progrès dans la voie de la vérité. Sans vous et malgré vous, les idées reviendront à leur source native, les mots retrouveront leur signification originelle, les institutions reprendront leur rang et dirigeront encore la *mission* nationale.

Vous avez parlé de « *monarchie de droit absolu,* » prenez la peine de poursuivre encore un moment la lecture de cette lettre et peut-être, à la fin, nous trouverons-nous d'accord.

Un jour, je fus appelé à formuler mes doctrines politiques devant mes concitoyens. Je le fis en ces termes, que j'abrège :

« . . . Je suis *légitimiste,* parce qu'il y a dans chaque
« nation des *lois fondamentales* dont la violation ébranle
« les États et entraîne la perte des nationalités. Oui, je
« suis légitimiste, parce que l'*ordre* est le premier besoin
« des peuples. Voilà pourquoi je crois qu'il a été im-
« prudent et *criminel* d'avoir attenté à la *constitution* de
« l'autorité légitime de la France, legs traditionnel des
« générations qui passent aux générations qui suivent,
« contrat par tacite reconduction, fondement et garantie
« du droit politique. Voilà pourquoi encore, convaincu de
« la dignité du citoyen français, je crois qu'il est impru-
« dent et criminel d'attenter au *droit national* de la liberté
« populaire. Les lésions faites à ces deux principes con-
« duisent, nous l'avons vu, hélas, trop souvent, à l'ab-
« solutisme monarchique, à la tyrannie populaire. Je ne
« veux d'aucune de ces deux *insanités* politiques.
« . . . Je crois au progrès politique par la réconci-
« liation du principe républicain des libertés populaires
« avec le principe de la grande magistrature royale
« dans sa forme héréditaire, pouvoir *protecteur* et non
« *dominateur* de tous les droits administrés qui compo-
« sent le corps social. Je salue l'idéal de la perfectibilité
« gouvernementale dans cette institution dont le plus

« grand orateur de la Rome républicaine avait indiqué
« les éléments pondérateurs (1) ; dont l'immortelle gé-
« nération de 89 avait établi (dans ses cahiers) les
« conditions essentielles ; dont la monarchie légitime,
« toujours fidèle à elle-même, avait posé la *base représen-*
« *tative* en 1814 et que l'illustre Châteaubriand, l'homme
« du droit et de la liberté, a nommée la *monarchie*
« *républicaine.*

« Alors, la République sera fondée. La République
« *française,* et non pas celle de je ne sais quel autre
« peuple, celle que nos pères ont connue... Ainsi, *la*
« *Monarchie elle-même sera une Republique,* » selon l'aveu
« de J.-J. Rousseau, le dogmatiseur du républicanisme.

« C'est dans cette réunion de tous les droits, de tous
« les intérêts nationaux dans la forme monarchique que
« consiste la *doctrine nationale* de la *légitimité,* à laquelle
« ma raison indépendante et désintéressée a voué ses con-
« victions. »

Le Roi lut cette exposition de principes ; le Prince, dont
vous jetez le nom au vent de la publicité comme représentant « la monarchie de droit absolu, » me fit l'honneur de lui donner son approbation et j'eus le bonheur
de recevoir de ces lèvres royales qui expriment, avec tant
de mansuétude, la majesté et la bonté, l'encouragement
à continuer mon apostolat politique. Je continue, en ce
moment, cette mission de vérité et de loyauté.

Mais ces paroles n'étaient que l'expression affaiblie des

---

(1) *De la République,* liv. 1, ch. 45.

déclarations solennelles que la France a si souvent en-
tendues, en faveur de cette *monarchie réprésentative* qui
est l'expression de la constitution nationale. Depuis 1844,
le Roi n'a cessé de faire entendre sa voix en faveur de
cette forme gouvernementale dont, seul, il est la garantie
et l'appui. Pourquoi, Monsieur, votre voix veut-elle empêcher le progrès politique que le protestantisme a ar-
rêté dans le xvime siècle, cette *réforme* que la révolution
a étouffée en 89 ?

Vous n'ignorez pas ces paroles, ministre éphémère de
« l'homme de la révolution. » Pourquoi donc avez-vous
prononcé à la tribune cette assertion mensongère ? Au
roi de France, qui vous « assurait de sa sincère affection (1) » vous avez préféré « le petit vieux Byzantin,
tricheur avéré de tout le monde, » l'acrobate politique, à
la majesté de la loyauté. Cette personnification négative
de toute idée de grandeur exerce-t-elle donc une si
grande puissance sur votre esprit ?

Je résume, Monsieur, mes conclusions.

L'ordre est de droit divin.

La monarchie légitime, seule, contient dans son code
les conditions d'ordre de la nationalité française. Donc,
elle est de prévision divine.

« La monarchie de France, c'est la Maison royale de
France, indissolublement unie à la nation. » C'est le
Roi qui définit, lui-même, la souveraineté nationale.

---

(1) Lettre du comte de Chambord à M. C. Périer, 31 mars 1850.

Donc, place à la monarchie ; place à la Maison de France ;

PLACE AU ROI !

Donc, place au Représentant « des princi pes monarchiques, » au défenseur « des libertés nationales. »

Place, enfin, au chef héréditaire de la monarchie représentative !

Car c'est là le *droit absolu.*

L'entendez-vous ainsi, Monsieur ?

Inclinez-vous, alors, devant l'HOMME–INSTITUTION.

Que la légalité fasse place au Droit !

Député de la France, rappelez le Roi !

Devant le Roi disparaîtront les *partis* créés par la révolution ; car il est le Représentant du Droit. *Avec lui* faites alors la constitution de la France, car la Royauté est la pierre angulaire de la constitution.

Vous parlez de *droit absolu*, Monsieur le député ! Depuis quatre-vingts ans, la souveraineté populaire nous a imposé les despotismes les plus odieux et les plus abjects. Si, instruits par l'expérience, il nous était prouvé que l'absolutisme, seul, peut régir la France, eh bien ! que l'héritier des « chefs nationaux » qui ont fait la France, vienne enfin compléter l'évolution nationale ! Ce que nos ancêtres étaient sur le point de perfectionner dans les institutions dès le xve siècle , ce que nos pères ont voulu dans les idées réformatrices de 89, tout ce que la révolution nous a enlevé de garanties, de sécurité, de dignité, d'honnêteté, le Roi de France, seul, nous le rendra. Oh ! qu'il se hâte, le Louis XIV de la liberté !

Le moment approche, Dieu le conduit ! Oui, malgré les audaces du ministre prussien, les astuces de M. Thiers, les fureurs des radicaux, leurs odieux complices, la France sera délivrée des sophistes et des tyrans politiques. C'est « avec conviction réfléchie et prévision certaine » que je n'ai cessé d'annoncer, il y a déjà de bien longues années, le jour de la délivrance, et que, « vaincu du mensonge de la liberté, j'en ai appelé à la liberté délivrée des chaînes révolutionnaires. » Français et député, voulez-vous coopérer à l'action providentielle ?

Je termine en vous rappelant un compte terrible dont l'échéance est arrivée.

Un jour, Monsieur, un roi abdiquait la couronne, son fils y renonçait avec lui.

Un prince du sang reçut tous les pouvoirs pour faire proclamer roi, d'après les lois du royaume, le jeune héritier de la monarchie.

Ce prince crut pouvoir garder pour lui-même cette couronne.

Il fallait donner un semblant de légalité à cette usurpation. Les grands corps de l'Etat avaient été convoqués. Un député crut devoir objecter la nécessité d'un mandat spécial de la part des électeurs pour élire un roi.

Cette proposition, qui n'était pourtant pas une opposition absolue, fut repoussée par cet argument décisif :

« Allons donc ! »

Ce mot suffit pour que la couronne pût être dérobée avec « *légalité* » dans le berceau d'un enfant resté sans défense.

Le roi, c'était S. M. Charles X, roi de France.

Son héritier, c'était Monseigneur Henri-Charles-Ferdinand-Marie-Dieudonné d'Artois, duc de Bordeaux, depuis lors *Roi*, d'après la constitution *nationale*, sous le nom d'Henri V.

Le défenseur des droits du corps électoral s'appelait Fleury (de l'Orne).

Son interrupteur dédaigneux, c'était le futur ministre de Louis-Philippe, Casimir Périer.

Vous êtes placé, Monsieur, entre un grand acte de réparation et le comble de la félonie.

A vous de choisir.

Je vous offre, Monsieur, l'expression de ma considération distinguée.

Un Français.

NOTE.

Page 28 : *Rage antilégitimiste.*

Ce révolutionnaire a toujours accusé le roi, dans les gouvernements monarchiques sous lesquels il a vécu, d'avoir voulu faire prévaloir sa pensée sur celle de M. Thiers. Les révélations précises faites actuellement

au sujet des agissements de cet homme turbulent et pré-
tentieux, lui commandent plus de modestie, sinon plus
de pudeur.

Quant à la guerre acharnée, personnelle, qu'il a faite
à la *Monarchie légitime*, dont il ne s'est jamais vanté pu-
bliquement, en voici le témoignage *écrit de sa main :*

Les journaux ont donné, cette année, une lettre écrite
par M. Thiers à M. Borély, alors vice-président du tribu-
nal civil, à Marseille, à la date du 23 août 1830, nous en
extrayons le passage suivant :

. . . .

« Pour moi, j'ai besoin maintenant de mes compa-
« triotes. Voulez-vous me faire député de Marseille ? Ça
« ne tient qu'à vous. Je vais me rendre éligible. On va
« supprimer la possession annale. J'ai 33 ans.

« . . . Je vais vous compter non mes droits, mais
« seulement mes *besoins*.

« Je suis conseiller d'Etat, attaché à la section des fi-
« nances, chargé de préparer les lois de finance et de les
« discuter. Cette position, quoique bonne, ne serait vrai-
« ment forte que si j'y ajoutais la qualité de député.
« Les commissaires du Gouvernement font à la tribune
« une mince figure quand ils ne sont pas députés. J'ai
« donc besoin, pour débuter avec tous mes avantages,
« d'être député bientôt. Aucun de vous n'en a un besoin
« aussi pressant que moi. Si donc vous me cédiez le
« pas, je pourrais m'avancer dans la carrière avec beau-
« coup plus de force. Je m'en fie tout à fait à vous. J'AI
« RISQUÉ MA TÊTE COMME PAS UN AUTRE. J'AI
« SERVI AVEC UN ABANDON ET UNE ARDEUR

« QUI NE SONT PAS COMMUNS. J'AI MARCHÉ
« DROIT A LA DYNASTIE AVANT TOUT LE
« MONDE.

. . . .

                              « THIERS.

« *Rue du Houssaye, 5.* »

Telle est l'incarnation révolutionnaire, envieuse, besoigneuse, captieuse.

C'est sous le *drapeau de la révolution* que cherchent à se réfugier encore de pareilles aberrations intellectuelles et morales. Elles veulent, aujourd'hui, faire accepter par la France la solidarité des causes fatales de désastres et d'humiliations qu'on lui a imposées en lui faisant *subir* la révolution !

L'antique *Drapeau de la Monarchie*, c'est-à-dire du *peuple uni à son roi*, proclamant ensemble les principes de 89 (nous l'avons démontré), n'est-il pas assez *national* et glorieux pour venger l'honneur du drapeau tricolore ? N'y a-t-il pas intérêt à ne pas maintenir dans un emblème les souvenirs de *suspicion*, cause active de nos discordes, fournissant un prétexte constant aux démolisseurs politiques ?

Les premiers qui l'ont arboré ont été les *victimes* de la révolution ou ont *fui* devant elle ; les seconds se sont *entretués* ; quant aux prodiges de victoire dûs à la valeur française et au génie du chef militaire qui les conduisait, je demande, moi aussi « *à la froide et solide raison* » de me dire si elles ne sont pas couronnées par 1814, 1815 et par les hontes de Sedan, suivies des désespoirs de Versailles ?

En présence de cette logique, aussi douloureuse qu'indiscutable, que deviennent les arguties (*conquétes, réconciliation de 89*) des *faiseurs* conscients ou inconscients de la révolution ?

Non, les *importants*, pas plus que M. Thiers, ne sauraient effacer l'histoire !

www.ingramcontent.com/pod-product-compliance
Lightning Source LLC
Chambersburg PA
CBHW051320060726
47596CB00004B/1400